NOTICE
DES
OUVRAGES
DE

PEINTURE, SCULPTURE, ARCHITECTURE, GRAVURE, DESSIN, MODELES, etc.

DES ARTISTES VIVANS,

Exposés au Salon dans la Maison de Commune de la ville de Gand, ouvert le 21 Juillet 1806.

Sous l'agréation de Mr. le Préfet du Département de l'Escaut et de Mr. le Maire de Gand.

Par la Direction de l'Académie de Peinture, Sculpture et Architecture.

A GAND,

De l'Imprimerie de *P. F. de Goesin-Verhaeghe*, rue Haute-porte N.° 229.

NOTICE

DU

SALON D'EXPOSITION.

W. Schaeken, Peintre à Anvers.

N.° 1. Diane découvrant la grossesse de Callisto, la chasse de sa cour.

La scène est dans une grotte où Diane avec les Nymphes ont pris le bain à la fraîcheur de l'ombre; on voit la chaste déesse d'un ton plein de courroux prononcer l'arrêt de la malheureuse Callisto. B. haut. 29, larg. 40 pouces et demi.

P. van Huffel, Peintre d'Histoire, Directeur de l'Académie de Gand.

N.° 2. Tableau de Famille, composé de deux groupes, l'un représentant Monsieur et Mad^e. * * * qui se reposent sur le bord d'un lac, pour mieux jouir de l'agrément que leur procure l'amusement champêtre de leurs enfans qui se promenent sur l'eau dans une barque; dans le lointain on voit le château de la famille, avec une partie du jardin anglais. T. haut. 63, larg. 72 pouces.

Le Paysage, peint par H. Donselaer, n'est pas achevé.

No. 3. Autre scène de Famille, représentant l'intérieur d'une Salle; dans laquelle Mr. *** vient d'entrer et trouve toute sa famille occupée à différens objets; Mme. ***, assise à côté d'une table couverte d'un riche tapis, tient une lettre en main dont elle fait la lecture à son Epoux; à côté d'elle est son fils cadet qui s'amuse avec un perroquet dans sa cage; le puîné débarrasse son père de son chapeau et de sa canne, et sur le devant est le fils aîné qui exerce son petit chien. T. haut. 50, larg. 63 pouces.

No. 4. Le retour de la Chasse, tableau de Famille. Chargé d'un riche butin de gibier, fatigué et couvert de poussière, Mr. *** se repose sous un arbre; vis-à-vis de lui est assise sur le gazon Mme. son Epouse, accompagnée de son enfant qui conduit un mouton; sur le devant est un chien de chasse dans un profond sommeil. T. haut. 50, larg. 63 pouces.

Le Paysage est peint par H. Donselaer.

No. 5. Le portrait d'Eugène van Huffel, monté sur une brebis, figure à demi-corps. T. haut. 28, larg. 24 pouces.

N°. 6 et 7. Deux Portraits, celui de Mr. *** et celui de Mme ***. T. haut. 27, larg. 23 pouces.

N°. 8 et 9. Les Portraits de *P. P. Rubens* et de sa première Femme; deux petits tableaux en forme ovale.

JEAN BORREKENS d'Anvers.

N°. 10. Paysage, représentant un site d'Italie: sur le devant du tableau des Graces dansant ensemble rappellent ces vers d'Horace:

...... *Gratiæ* decentes
alterno terram quatiunt pede:

T. haut. 23, larg. 29 pouces.

N°. 11. Paysage montueux; sur le devant un Homme causant avec une Femme; plus loin une autre Femme qui mène une vache. T. haut. 20, larg. 15 pouces et demi.

JACQ. BORREKENS, à Anvers.

N°. 12. Le Buste d'une Femme tenant une lyre, d'après l'Ecole italienne; miniature pointillée sur ivoire, forme ovale sous glace, diamètre 2 pouces et demi.

FRANÇOIS, à Bruxelles.

N°. 13. L'enlèvement de Proserpine. T. haut 33, larg. 46 pouces.

*De N * * *.*

N°. 14. Vue des environs de Namur; on y voit un berger avec son troupeau couché sous de grands arbres. T. haut. 26, larg. 31 pouces.

P. J. Renard, à Gand.

N°. 15. Buste de la Madelaine, tiré du tableau d'*Annibal Carrache* représentant le Christ mort sur les genoux de la Vierge, qui est dans le Musée Napoléon, dessinée au crayon noir, dans la manière d'*Ysabey*, sur papier blanc, de grandeur naturelle; encadré sous glace.

Mademoiselle Geldolf, rue Slypstraete à Gand.

N°. 16. Thalie, Muse de la Comédie, demi figure; dessin au crayon noir sur papier blanc, encadré sous glace. Haut. 15 et demi, larg. 12 pouces.

N°. 17. Buste d'Apollon vue en profil; dessin dito, encadré sous glace. Haut. 16, larg. 12 pouces.

Bernard Paul, de Gand.

N°. 18. Paysage où l'on voit une jeune paysanne jouer avec une jeune chèvre. T. haut. 25, larg. 31 pouces.

N°. 19. Paysage orné de figures. T. haut. 27, larg. 33 pouces.

N°. 20. Hérode et Marianne sa femme, d'après le tableau de P. P. Rubens, de même grandeur, de la collection dudit Paul. T. haut. 48, larg. 21 pouces.

N°. 21. L'intérieur d'un Appartement avec une Famille anglaise. T. haut. 24, larg. 30 pouces.

N°. 22. La Naissance de Jesus-Christ, esquisse coloriée. T. haut. 22, larg. 18 pouces.

N. Gagneraux, de Dijon.

N°. 23. La Bataille de Senef : sur le devant on voit le grand Condé tomber avec son cheval blessé, le duc d'Enghien son fils tâche de le relever. Ce Tableau est peint à Rome en 1787. T. haut. 48, larg. 58 pouces.

*A. D.***, de Dijon, actuelllement à Rome.*

N°. 24. Vertumne et Pomone. T. haut. 38, larg. 32 pouces.

N°. 25. Sujet tiré de l'histoire grecque. Un guerrier en colère frappe avec son ceinturon une jeune fille refugiée dans les bras de son père, qui invoque en vain la pitié du guerrier; la mère de la fille, accablée de douleur, est évanouie par terre; la scène se passe dans un appartement modeste. T. haut. 34, larg. 40 pouces.

A. Gandat, Peintre de l'Ecole française.

No. 26. et No. 27. Deux Paysages. B. haut. 16, larg. 12 pouces.

F. des Vosges, Professeur de l'Académie de Dessin à Dijon.

No. 28. Le Triomphe de la Sainte-Croix, entourée d'une infinité d'Anges qui portent les instrumens de la Passion; dessin lavé au bistre sur papier blanc; encadré sous glace.

Nota. Ces six objets appartiennent à Mr. Forioso aîné.

P. van Regemorter père, Peintre à Anvers.

No. 29. Des petits Musiciens ambulans devant la demeure d'un Paysan qui s'en amuse avec toute sa famille. B. haut. 13, larg. 17 pouces.

H. Donselaer, Peintre de Paysages à Gand.

No. 30. Paysage enrichi de bétail; dans le lointain est un village d'où un Berger s'éloigne en conduisant son troupeau. T. haut. 37, larg. 50 pouces.

No. 31. Vue d'une demeure rustique située hors de la porte d'Anvers, près de la chapelle de St. Amand, peinte d'apres nature; sur le devant quelques vaches. T. haut. 55, larg. 71 pouces.

No. 32. Tête de Taureau de grandeur naturelle,

peinte d'après nature. T. haut. 29, larg. 33 pouces.

N°. 33. Tête de Vache de grandeur naturelle, peinte d'après nature. T. haut. 35, larg. 26 pouces.

Joseph Paelinck, Peintre, Elève de M. David.

N°. 34. Portrait de Mr. ***, représenté en médaillon, composition allégorique, dessiné à l'encre de la Chine et au bistre, sur papier blanc; encadré sous glace. Haut. 15, larg. 12 pouces.

N°. 35. Tableau de Famille de Mr. ***, où sont représentés trois de ses Enfans dans un paysage, peint à l'huile, de grandeur naturelle. T. haut. 77, larg. 66 pouces.

N°. 36. Saul et David, ou le Pouvoir de la Musique, le même sujet qui a été proposé pour le Concours de Peinture; composition dessiné à l'encre de la Chine et au bistre sur papier blanc; encadré sous glace. Haut. 9, larg. 14 pouces.

Tiré du cabinet de Mr. *d'Hane Steenhuyse.*

J. Berré, d'Anvers.

N°. 37. Tableau représentant un Lièvre, une Perdrix et autre gibier mort. B. haut. 38 et demi, larg. 31 pouces.

N°. 38. Un Bouquet de Fleurs dans un

vase de marbre. B. haut. 7, larg. 5 pouces et demi.

A. Steyaert, de Bruges, Peintre à Gand.

N°. 39. Portrait d'Homme. T. haut. 46, larg. 40 pouces avec le cadre.

N°. 40. Autre Portrait d'Homme. T. haut. 14, larg. 12 pouces avec le cadre.

Charles Spruyt, de Bruxelles, Peintre à Gand.

N°. 41. Les deux Disciples à Emmaüs; *Jésus étant avec eux à table, il prit le pain et le bénît, et l'ayant rompu il le leur donna: en même temps leurs yeux s'ouvrirent, et ils le reconnurent.* Luc, ch. 24, ℣. 30. T. haut. 10 pieds 10 pouces, larg. 6 pieds 10 pouces.

N°. 42. Le Portrait de Mr.* * *, peint sur T. haut. 33 et demi, larg. 29 pouces et demi.

N°. 43. Portrait d'Homme, peint sur T. haut. 24, larg. 20 pouces.

N°. 44. Un jeune Dessinateur, peint sur T. haut. 35 et demi, larg. 31 pouces.

N°. 45. Le Buste de la Sainte Vierge, peint sur B. haut. 11, larg. 10 pouces.

N°. 46. Un Fumeur, peint sur B. haut. 11 et demi, larg. 10 pouces et demi.

Pierre Feurison, de Gand, Elève de Mr. Spruyt.

N°. 47. Une Femme assise sous un palmier, tenant son Enfant dans ses bras, et un Ange qui plane dans les airs ; dessiné à l'estompe et terminé au crayon noir sur papier blanc ; d'après le Tableau original du *Corrège*, appartenant au Peintre *Spruyt*. Haut. 25, larg. 22 pouces.

J. van Regemorter Fils, Peintre à Anvers.

N°. 48. Paysage, dont la terrasse offre une terre claire et sablonneuse, sur laquelle la plus forte lumière donne, de même que sur les figures, sur le bétail et sur une chûte d'eau ; un lointain inégal termine ce Tableau. T. haut. 24 et demi, larg. 34 pouces.

N°. 49. Autre Paysage représentant une vue aux environs d'Anvers ; on y voit des figures, des vaches, une maison, un moulin et une eau qui serpente. T. même grandeur.

N°. 50. Paysage montueux, où un Berger et une Bergère sont endormis sous l'ombre d'un grand chêne, pendant que le chien veille à côté de son maître. B. ; haut. 12, larg. 9 pouces.

De la Fontaine, de Courtray.

N°. 51. L'intérieur d'une Eglise gothique, avec figures, manière de *Peter Neefs*. B. haut. 14, larg. 19 pouces et demi.

Antoine Maron, à Rome.

No. 52. Le Buste d'une Bacchante couronnée de pampres, tenant le thyrse de la main droite. T. haut. 26, larg. 22 pouces et demi.

Madame Ridderbosch, à Gand.

No. 53. Vénus liant les aîles à l'Amour, dessin fait à la plume, sur papier blanc, en 1805. Haut. 18, larg. 15 pouc. encadré sous glace.

François susdit, Peintre à Bruxelles.

No. 54. L'Amour et Psyché, sujet tiré de l'*Ane d'or d'Apulée.*

1o. Psyché, ensuite d'un ordre ambigu de l'oracle, est laissée seule sur un rocher, où un monstre devoit venir l'épouser ; ses parens s'en retournent désolés, la croyant perdue ; mais *Zéphir, par ordre de l'Amour, vient l'enlever et la transporte dans un lieu enchanté.*

2o. Cupidon, qui était amoureux de Psyché venait toutes les nuits auprès d'elle sans être vu ni connu ; cependant les sœurs de Psyché, dévorées de jalousie, lui firent accroire que son amant était effectivement ce monstre effroyable de l'oracle, qui n'attendait que le moment pour la dévorer ; Psyché, tourmentée de ces idées, et d'après le conseil de ses sœurs, se munit, pendant que l'Amour dormait, d'une lampe et d'un couteau, dans le dessein de l'égorger ; *mais quel fût son étonnement, quand, au lieu d'un monstre, elle reconnait Cupidon.*

3°. Psyché, persécutée par Vénus, est envoyée vers Proserpine, avec ordre de rapporter, dans une boîte, le secret de la beauté des Déesses ; après avoir évité les différens dangers auxquels la colère de Vénus l'avait exposée et se voyant en possession de cette boîte fatale, il lui prit envie de l'ouvrir et de s'en servir pour elle ; mais au lieu de beauté il sortit de la boîte une noire vapeur qui l'enveloppe et l'endort. *Cupidon arrive dans ce moment, ramasse toute cette vapeur et la renferme dans la boite ;* ensuite la réveille.

4°. Ce danger fut le dernier auquel la pauvre Psyché fut exposée ; car Cupidon étant allé trouver Jupiter, obtint de lui la permission *d'épouser sa maitresse, ce qui a lieu en présence de Jupiter* et des autres Dieux, etc.

Ce Tableau, en forme de frise, est traité dans le goût de bas-reliefs antiques. T. haut. 27 et demi, larg. 121 pouces. Il est éclairé de la droite. Il appartient à un particulier de la ville de Gand.

De Roy et van Assche, Peintres à Bruxelles.

N°. 55. La Foire de Tervure ; peinte d'après nature ; les figures, animaux, arbres et le paysage sont de Mr. De Roy ; l'Eglise, et autres Batimens du Village de Mr. Van Assche. T. haut. 48, larg. 76 pouces endedans le cadre.

Ce Tableau appartient à un particulier de Gand.

J. B. de Roy susdit.

No. 56. Un parc de Bœufs ; vers le milieu du tableau est un Villageois assis sur un cheval blanc, parlant à deux autres qui sont entourés d'un grand nombre de Bœufs dans différentes attitudes ; vers la gauche, sur une élévation, est placé une tente dans laquelle une Vivandière verse à boire à des gens de guerre à pied et à cheval ; la droite présente une suite de prairies qui sont terminées par la vue du village d'Anderlecht et du château de Laeken. T. haut. 43, larg. 67 pouces.

No. 57. Vue d'une Prairie, avec figures et animaux enveloppés d'un brouillard ; une vache blanche tachetée reçoit accidentellement un rayon de lumière par l'effet d'une percée. Bl haut. 18, larg. 23 pouces.

H. van Assche susdit, Peintre à Bruxelles.

No. 58. Vue de la Chapelle et de la Maison dite *Haute*, au village de Boisfort ; cette maison est l'ancien logement de *Teniers*, d'*Artois*, et d'autres peintres renommés, quand ils étudioient la nature dans ce village pittoresque ; elle sert d'auberge aux habitans de Bruxelles dans leurs parties de plaisir après la promenade. B. haut. 26, larg. 16 pouces.

Mr. OMMEGANK, *Peintre à Anvers.*

N°. 59. Paysage orné de Figures, Vaches et Moutons. B, haut. 14, larg. 18 pouces.

J. A. GODIÇHAL, *Peintre à Anvers, Elève de Mr.* Ommegank.

N°. 60. Paysage boisé ; sur le devant une Brebis couchée et un Bouc debout ; dans le lointain un Berger avec des Moutons ; la partie du jour est l'après-midi ; peint dans la manière de Mr, Ommegank. B. haut. 10, larg. 12 pouces.

C. J. VANDERBORCHT, *Peintre d'Anvers.*

N°. 61. Paysage boisé avec Figures, au milieu duquel se voit une chûte d'eau, peint d'après nature, B. haut. 21 et demi, larg. 26 pouces.

N°. 62. Paysage boisé avec figures, dans lequel se voit un cheval blanc occupé à manger, peint d'après nature. B. haut. 15, larg. 19 pouces et demi.

N°. 63. Vue d'une habitation rustique sur un grand chemin, peint d'après nature. B. haut. 11, larg. 14 pouces.

Van Laerebeke, Peintre à Oudenarde.

N°. 64. Paysage boisé avec Figures et Animaux ; au milieu du Tableau est un Moulin à eau. Ce Tableau est dans le goût d'Hobbema. T. haut. 27, larg. 39 pouces.

N°. 65. Autre Paysage boisé avec Figures, peint d'après nature aux environs d'Oudenarde, hors de la Porte de Renaix. T. haut. 24, larg. 39 pouces.

Mademoiselle ***.

N°. 66. Jeune Fille assise, appuyée avec les bras sur un socle, vue en face, figure de fantaisie, dessinée sur papier gris, au crayon noir et blanc ; encadré sous glace. Haut. 14, larg. 11 pouces.

Monsieur ***.

N°. 67. Paysage montueux et boisé avec Figures, dessiné au crayon noir et au lavis, sur papier blanc ; encadré sous glace. Haut. 18, larg. 24 pouces.

Mr. Spaak, de Bruxelles.

N°. 68. Vue d'un Jardin anglais, dessin à l'aquarelle sur papier ; encadré sous glace. Haut. 15, larg. 20 pouces.

N°. 69. Dessin dito ; encadré sous glace, même grandeur.

F. Vanderdonckt, Peintre, Professeur de l'Académie de Bruges.

N°. 70. Portrait d'une jeune Demoiselle. Fatiguée de l'exercice de la raquette, elle s'assied sur une chaise pour prendre du repos, et caresse son chièn mopse ; elle est vêtue de satin blanc, les bras nuds et coiffée à la grecque. Peint de grandeur naturelle. T. haut. 47, larg. 35 pouces.

Duhot, à Gand.

N°. 71. Madelaine pénitente, en contemplation dans une grotte ; dessin d'après tableau au crayon noir et à l'estompe sur papier gris ; encadré sous glace. Haut. 29, larg. 16 pouces.

N°. 72. Le buste de la Madelaine, dessiné d'après Van Coetshem, sur Papier gris, à quatre couleurs ; encadré sous glace. Haut. 18, larg. 13 pouces.

L. van de Weghe, de Gand.

N°. 73. Cupidon attaché à un arbre, dessiné d'après le dessin de J. Paelinck, qui appartient à l'Académie, au crayon noir et à l'estompe ; encadré sous glace. Haut. 23 et demi, larg. 19 pouces et demi.

N°. 74. Une Sainte se consacrant à la méditation dans une grotte, d'après tableau appartenant à Mr. Schamp, dessiné de même, encadré sous glace. Haut. 16 et demi, larg. 11 pouces.

Rutxhiel, Sculpteur du Département de l'Ourte, maintenant à Paris Elève de Mr. Houdon.

No. 75. Le Buste de Mr. Grétry, célèbre Musicien-Compositeur, encore existant à Paris : ce Buste est destiné à augmenter le nombre d'Hommes célèbres de la Belgique, dont les Portraits sont déjà placés dans la Bibliothèque publique de la Commune de Gand.

P. J. Schmit, à Gand.

No. 76. Pot-pourri, encadré sous glace. Haut. 18, larg. 14 pouces et demi.

Amand Bogaert, de Bruges.

No. 77. Dessin d'après un Tableau de Mr. Ducq, représentant un homme dévoilant une jeune beauté, au crayon noir et à l'estompe, sur papier gris, encadré sous glace. Haut. 20 et demi, larg. 17 pouces et demi.

N * * *

No. 78. Germanicus, d'après la Statue qui est à la galerie de l'Académie de Gand, (proposé pour le Concours) ; dessin au crayon noir et à l'estompe sur papier blanc ; encadré sous glace. Haut. 22, larg. 15 pouces.

N * * *

No. 79. Le même Germanicus, dessin sur papier blanc au crayon noir et à l'estompe ; portant pour marque la lettre H.

LE BUSTE DE VAN DYCK,

Proposé pour Prix de Sculpture.

No. 80. Buste en plâtre, portant pour marque la lettre H.

*N * * *.*

No. 81. Même portrait moulé en plâtre.

C. COUSSEMENT, à Gand.

No. 82. Projet d'une place Napoléon, avec les plans et élévations des édifices, temples et arcs de triomphe qui la décorent; le milieu de cette place est orné d'un grand parc.

No. 83. Elévation d'un Temple destiné pour dépôt d'armes du grand Napoléon.

No. 84. Elévation d'une Maison de campagne.

No. 85. Projet d'un Théâtre d'inauguration. Ces différentes pièces sont encadrées sous glaces.

BAETS, d'Everghem.

No. 86. Arc de triomphe en perspective, lavé à l'encre de la Chine; encadré sous glace. Haut. 11, larg. 16 pouces.

PIERRE HENRY PIETERS, demeurant rue Haute sur le coin de la rue dite Akkerstraetjen à Gand.

No. 87. Projet d'un Monument d'Architecture, que l'on pourrait construire sur la place dite Nieuwjaerbrugge en face de l'Académie des beaux-Arts à Bruges, à la mémoire de *Jean van Eyck*, inventeur de la peinture à l'huile, dans ladite ville de Bruges en 1415; ou bien dans la nouvelle Salle d'agrandissement que l'on se propose de bâtir. Haut. 32, larg. 24 pouces; sous glace.

N°. 88. Monument d'architecture à la mémoire des malheureux naufragés dans le havre, au passage du Bac, le 27 Fructidor an 8. (14 Septembre 1800) entre 7 heures du soir, à Ostende. Même grandeur que dessus, sous glace.

N°. 89. Vue d'une attaque sur mer, entre Blankenberge et Ostende, par les anglais, contre le convoi d'une flotille, sortie de la Hollande pour se rendre à Ostende, composée de schoenders, bommen, barques, etc. et escortée par les deux prames de la ville d'Anvers, et la ville d'Aix, qui se sont glorieusement défendus et entrés en bon port. Lavé comme dessus. Haut. 24, larg. 32 pouces.

J. de Loose, Peintre à Zele.

N°. 90. L'Adoration des Bergers. T. haut. 92, larg. 83. pouces. Peint pour l'Eglise de Zele, dans le canton de Termonde.

Baets susdit.

N°. 91. Statue d'Atalante drapée, tenant de

pommes d'une main et de l'autre levant un voile derrière sa tête ; dessinée au crayon noir et à l'estompe sur papier blanc, enc. sous glace. Haut. 31, larg. 12 pouces.

TABLEAUX PRÉSENTÉS AU CONCOURS.

SAÜL ET DAVID.
ou *le Pouvoir de la Musique.*
Mr. Delvaux, de Bruxelles.

N°. 92. Lettre A. Tableau portant pour marque un petit croquis à l'encre de la Chine, représentant un Musicien égyptien vetu d'une robe rayée, pinçant de la harpe, tiré des voyages de Mr. *Bruce* en Egypte. T. haut. 49, larg. 59 pouces.

Ce Tableau a remporté le Prix.

N ***.

N°. 93. Lettre B. Tableau portant pour marque un petit croquis à l'encre de la Chine, représentant une pyramide au milieu d'une plaine. T. haut. 42. larg. 53 pouces.

N ***.

N°. 94. Même sujet, portant pour devise : *La Colère désarmée.* T. haut. 40, larg. 50 pouces.

Mr. Ommeganck susdit.

N°. 95. Le coucher du Soleil, paysage enrichi de figures, moutons, etc., qui traversent un jet d'eau. B. haut. 36, larg. 40 pouces.

Tiré du cabinet de Mr. *Baut.*

COUCKE, de Gand, Elève de Mr. DONSELAER.

N°. 96. Paysage boisé, avec figures; sur le devant un pont de pierre traverse une petite rivière; à droite, deux habitations rustiques; à gauche, dans le lointain, un Village. B. haut. 26, larg. 34 pouces.

J. B. AUTRIQUE, de Bruges.

N°. 97. Dessin au crayon noir et à l'estompe d'après un tableau de *Goltzius;* représentant la Résurrection du Christ. Hauteur 40, larg. 32 pouces et demi.

LOUIS DE GRAEVE.

N°. 98. Projet d'une Porte de Ville dans le style gothique, lavé à l'encre de la Chine. Haut. 19, larg. 30 pouces.

N°. 99. Projet d'un Belvéder, lavé à l'encre de la Chine. Haut. 25, larg. 20 pouces.

M. F. JACOPS, de Bruxelles.

N°. 100. Orphée, après avoir attendri le Dieu des Enfers par le doux charme de sa lyre, revient suivi de sa tendre épouse; il arrive près des portes du jour; mais transporté d'impatience et d'amour, il oublie l'arrêt fatal qui lui défendoit de regarder derriere lui, il se retourne, il revoit ce qu'il aime..... c'en est fait de son bonheur, Euridice n'est plus qu'une vaine ombre qui s'évapore dans les airs; elle lui tend encore une main défaillante , et semble lui dire un éternel adieu. Dessin au crayon noir sur papier blanc encadré sous glace. Haut. 24 , larg. 28 pouces.

J. Mestdach , à Gand.

N°. 101. Buste de jeune Homme les mains jointes et les élevant, ainsi que sa pensée , vers son Créateur , avec titre : *ô tempora ! ô mores !* Dessiné au crayon noir , rouge et blanc , sur papier colorié ; encadré sous glace. Haut. 25 et demi , larg. 21 pouces.

Balthazar Solvyns , Peintre d'Anvers , actuellement Peintre de la Factorerie anglaise , à Calcutta en Asie.

N°. 102. La rade de Flessingue , avec plusieurs Navires. B. haut. 16 et demi , larg. 21 pouces.

Cornille Cels , de Lierre , Peintre à Rome.

N°. 103. Son Portrait peint par lui-même , avant son départ pour l'Italie. T. haut. 26 , larg. 16 pouces.

Mademoiselle Geneviève Mey , à Gand.

N°. 104. Le Portrait de *Raphaël* à l'âge de quinze ans , dessiné au crayon noir sur papier blanc ; encadré sous glace.

N°. 105. Adonis en Chasseur , dessiné au crayon noir sur pap. blanc ; encadré sous glace.

Constantin M. Sloedens, de Gand, Elève de Mr. Van Huffel.

N°. 106. Adam et Eve déplorant la mort de leur fils Abel, tué par son frère Caïn. T. haut. 44, larg. 50 pouces.

N°. 107. David ayant défait un lion, combat contre un ours; dessiné au crayon noir et blanc, sur papier gris, d'après le tableau de *P. P. Rubens*, de même grandeur qui est au cabinet de Mr. *Fonson* à Oudenarde. Haut. 37, larg. 48 pouces.

N°. 108. La Résurrection de Jésus-Christ, dessiné d'après un tableau italien, au crayon noir et blanc; sur papier gris. Haut. 64, larg. 46 pouces.

N°. 109. Portrait d'Homme, peint d'après nature. T. haut. 26, larg. 23 pouces.

N°. 110. Portrait d'une jeune Demoiselle, peint d'après nature. T. haut. 26, larg. 23. pouces.

N°. 111. Tête d'un Evêque, dessiné d'après un tableau de *Corn. Schut*, au crayon noir et blanc, sur papier gris; encadré sous glace. Haut. 36, larg. 28 pouces.

Charles-Joseph Maja, de Gand.

N°. 112. Statue du Faune qui est au Palais du Marquis *Rondinini* à Rome, et dont le plâtre est dans la galerie de l'Académie de Gand ; dessiné au crayon noir et blanc, sur papier gris, d'après ledit plâtre ; encadré sous glace. Haut. 24, larg. 19 pouces.

N. Ziezel, à Anvers.

No. 113. Un Bouquet de Fleurs dans un Vase de marbre sur une table de marbre : où est posé un nid d'oiseau avec quatre œufs. Bois. Haut. 19, larg. 15 pouces et demi.

Mademoiselle * * *

N.o 114. Chasse au Sanglier dans un site montueux et hérissé de rochers ; dessiné au crayon noir es blanc sur papier gris, encadré sous glace ; haut. 20, larg. 25 pouces.

Monsieur * * *.

No. 115. Entrée d'une vaste Forêt ; dessiné au crayon noir et à l'encre de la Chine ; encadré sous glace ; haut. 19 et demi, larg. 28 pouces.

Ch. van Ophem, de Gand.

No. 116. Hercule terressant l'Hydre, d'après *Adrien de Vries* ; dessiné au crayon noir sur papier blanc, encadré sous glace ; haut. 22 et demi, larg. 19 pouces.

H. Lens, *Peintre à Bruxelles.*

N°. 117. La mort de Cléopâtre, reine d'Egypte, T. haut. 37 et demi, larg. 45 pouces.

N°. La naissance de Vénus. T. haut. 32, larg. 39 pouces.

Ch. Spruyt *susdit.*

N°. 119. Le portrait de M***, peint sur T. haut. 31, larg. 25 pouces.

J. B. de Roy *susdit.*

N°. 120. Vue des environs de Bruxelles. Sur le premier plan se trouvent des vaches couchées sous de grands arbres sur le bord d'une rivière; plus loin est un homme à cheval et des moutons qui passent un pont; le lointain représente la vue d'Andrelecht. B. haut. 26, larg. 43 pouces.

Ce Tableau vient du cabinet de Mr. *Van Saceghem.*

Jacq. Huyghe, *de Gand.*

N°. 121. Tête d'Homme, d'après tableau de *Rubens;* dessiné sur papier gris, au crayon noir et blanc.

N°. 122. Tête de Saint Jean, d'après *Rubens;* dessiné comme dessus.

J. D. Cauwer, Peintre à Gand.

N°. 123. Portrait d'Homme, demi-figure. T. haut. 38, larg. 33 pouces.

N°. 124. Portrait de Femme en buste. T., haut. 28, larg. 22 pouces.

N°. 125. Portrait de Femme en buste. T. de forme ovale.

Alexandre Delatour, demeurant à Bruxelles longue rue Neuve, N°. 340.

N°. 126. Portrait d'Homme, demi-figure, peint en miniature, encadré sous glace. Haut. 6, larg. 4 pouces.

Les huit objets suivans appartiennent à l'Académie de Gand.

N°. 1. Tête d'expression (le Mépris) peint sur toile par Mr. *J. Bailly* de Gand, qui a remporté le Prix du Concours en 1792. Haut. 26, larg. 19 pouces et demi.

N°. 2. Œdipe maudissant son fils Polinice; peint sur toile par Mr. *A. van den Berghe* de Bruges, qui a remporté le Prix du Concours en 1796. Haut. 36, larg. 45 pouces.

N°. 3. Cincinnatus prend congé de sa Femme et de ses Enfans, pour aller remplir le poste de Dictateur, auquel le peuple romain vient de le nommer; peint sur toile par Mr. *Cornille Cels* de Lierre, qui a remporté le Prix du Concours en 1802. Haut. 39, larg 55 pouces.

No. 4. Le Jugement de Pâris; peint sur toile par Mr. *Joseph Paelinck* d'Oostakker près de Gand, qui a remporté le Prix du Concours en l'an 1804. T. haut. 49, larg. 64 pouces.

Jos. Paelinck susdit.

No. 5. Portrait de *Van Dyck*, copié d'après le tableau original qui est à Paris au Museum Napoléon. T. haut. 26, larg. 22 pouces.

No. 6. Cupidon attaché à un arbre; dessiné à l'estompe et terminé au crayon noir, sur papier blanc, enc. sous glace. Haut. 23 et demi, larg. 19 pouces et demi.

N.o 7. Portrait de la belle Ferronnière; dessiné à l'estompe et terminé au crayon noir sur papier blanc, d'après le Tableau original de Leonardo da Vinci, qui est à Paris au Museum Napoléon. Haut. 22, larg. 17 pouces.

N. * * *

No. 8. Alexandre devant Diogène dans son tonneau, copie d'après le grand tableau de *Gaspar de Crayer*, qui est maintenant dans le cabinet de S. M. l'Impératrice. Haut. 22, larg. 33 pouces.

Mr. Duvivié, de Bruges, Peintre à Paris.

N°. 127. Portrait d'Homme en miniature, dans un cadre rond, sous glace ; diamètre 2 pouc. et demi.

F. Vanderdonckt susdit.

N°. 128. Groupe de deux enfans ; peinture à l'huile imitant le bas-relief de marbre blanc. T. haut. 16, larg. 16 pouces.

Pierre Leroy, Peintre à Bruxelles, rue Isabelle, Sect, 7. N°. 1165.

N°. 129. Bataille de Cavalerie turque. T. haut. 26, larg. 31 pouces.

N°. 130. Différens sujets inventés et gravés à l'eau forte par *Pierre Leroy* susdit ; 18 feuilles en 3 cahiers.

Franç. Ant. de Loose, Luthier ; marché au Vendredi, chez Hemelsoet, *N.° 233. à Gand.*

N°. 131. Un petit Temple soutenu par des colonnes d'ivoire, et autres ornemens d'ivoire et de bois d'ébène, destiné pour pendule, couvert d'une cloche de verre.

Jos. Maya, susdit.

N°. 132. L'attelier d'un Forgeron anglais, où un Tailleur du voisinage vient interrompre le travail par la narration d'une nouvelle importante qui est écoutée avec étonnement ; dessiné au crayon noir et avec l'estompe sur papier blanc ; encadré sous glace. Haut. 24, larg. 19 pouces.

Henry-Jos. Pieters, fils, à Gand.

N°. 133 Tête de Vestale, dessinée au crayon noir. Haut. 24, larg. 18 pouces.

N°. 134. Figure de Samuel, dessinée au crayon noir. Haut. 22, larg. 16 pouces.

Augustin Portois, à Gand.

N°. 135. Vénus couchée ; bas-relief en marbre blanc, de forme ovale, entouré d'un cadre bleu-turquin. Haut. 5 et demi, larg. 13, pouces.

C. Coene, Peintre.

N°. 136. Vénus au bain avec trois Nymphes, s'amusant à voir naviguer l'Amour sur son carquois. T. haut. 22, larg. 28 pouces.

P. de Cauwer, à Gand.

N°. 137. Paysage avec Figures et trois Vaches sur le devant. B. haut. 26 et demi, larg. 33 pouces.

N°. 138. Arc de triomphe en perspective, lavé à l'encre de la Chine ; encadré sous glace Haut. 29, larg. 23 pouces.

Philippe Cardon, à Bruxelles.

N°. 139. Paysage boisé, où l'on voit sur le devant, dans le grand chemin, un Berger à cheval sonnant de la corne en conduisant son troupeau de Vaches et de Brebis, une Femme avec son enfant sur les bras l'accompagne ; à gauche est une habitation rustique : dessiné à l'encre de la

Chine, terminé au crayon noir sur papier blanc; encadré sous glace. Haut. 25, larg. 34 pouces et demi.

*N ***.*

N°. 140. Plan, élévation et coupe d'une Maison de campagne; lavés à l'encre de la Chine : trois différentes pièces sous un cadre, chacune de la haut. de 26, et de la larg. de 40 pouc. portant pour marque le plan d'une colonne.

J. de Cauwer susdit.

N°. 141. Œdipe, victime de la destiné, après avoir eté entraîné à tous les crimes qu'il vouloit fuir, et se voyant chassé de son trône et de sa patrie par ses fils Etéocle et Polinice, ne trouve d'asyle que dans la cour de Thésée; s'est là qu'un coup de tonnerre lui annonce que le destin est las de le persécuter, et que la mort va mettre un terme à ses malheurs. Le sujet du Tableau est le moment où Œdipe, éloigné de la Cour, semble attendre l'arrêt de sa mort; sa fille Antigone, son unique appui, ne pouvant soutenir l'extrême douleur que lui fait éprouver cette terrible séparation, tombe évanouie dans les bras de son malheureux père. T. haut. 83, larg. 55 pouces.

P. J. de Bruyne, Elève de M. de Cauwer.

N°. 142. Une Femme intercédant pour son mari atteint de la peste, extrait d'un grand tableau de *Gaspar de Craeyer*, qui est au Muséum de Gand. T. haut. 40. larg. 32 pouces.

Flore de Rynck, à Gand.

N°. 143. Un Christ, sur toile. Haut. 22, larg. 20 pouces.

N°. 144. Une Conversation; peint d'après *Teniers*. B. haut. 9, larg. 11 pouces.

A. Steyaert, fils, à Gand.

N°. 145. Paysage, vue d'une ferme avec figures, dessiné au crayon noir et à l'estompe sur papier blanc, encadré sous glace. Haut. 18, larg. 22 pouces.

J. Huyghe susdit.

N°. 146. Le Portrait de *P. P. Rubens*, dessiné au crayon noir, dans un ovale, encadré sous glace. Haut. 8, larg. 6 pouces et demi.

J. B. Tency, Peintre à Gand.

N°. 147. Un orage sur mer. B. haut. 20, larg. 28 pouces.

N°. 148. Une tempête sur mer pendant la nuit. B. même grandeur.

N. * * *

N°. 149. Germanicus, proposé pour le Concours, dessiné au crayon noir et à l'estompe, sur pap. blanc, encadré sous glace, marqué d'un Triangle.

N * * *.

N°. 150. Germanicus, proposé pour le Concours, dessiné au crayon rouge et estompé, sur pap. blanc, enc. sous glace, marqué d'un Dé.

C. Cruysmans d'Anvers.

N°. 151. Figure académique, modelée en terre glaise d'après nature, qui a concouru pour prix à la fin du cours de l'an 1805. Haut. 21, larg. 15 pouces.

Bonaventure Savoni, de Gand.

N°. 152. Vieillard à genoux d'après le Poussin, dessiné au crayon noir, sur papier blanc, encadré sous glace. Haut. 18, larg. 15 pouces et demi.

L. van de Weghe susdit.

N°. 153. Tête de vieillard d'après Van Balen, dessiné au crayon noir et blanc, sur papier gris, encadré sous glace. Haut. 22, larg. 18 pouces.

N°. 154. Tête de Femme d'après le même, même grandeur.

Les deux Dessins originaux appartiennent à l'Académie.

Madame D. R. * * *

N°. 155. Portrait de Monsieur Barbier fils, Peintre, dessiné au crayon noir. Haut. 15, larg. 10 pouces.

Mademoiselle D. R. * * *

N°. 156. Portrait d'une Démoiselle, dessiné d'après nature. Même grandeur.

P. H. Pieters susdit.

N°. 157. Plan de la Ville et Port d'Ostende,

pour faire voir la situation de cette Ville, dessiné et lavé en couleurs. Haut. 26, larg. 21 pouces.

N°. 158. Projet de plan de ladite Ville et Port, avec tous les ouvrages et changemens que l'on pourroit y faire pour le bien-être du Commerce en général, et éviter en même temps tout envasement des bancs de sable etc, dessiné et lavé en couleurs ; grandeur comme dessus.

Madame DEGINAN, *née* VAN REYSSCHOOT,
à Gand.

N°. 159. Portrait d'Homme, dans un ovale. T. haut. 26, larg. 20 pouces.

Monsieur VAN HUFFEL *susdit.*

N°. 160. Le Portrait de M.lle * * * en pied, tenant son Cheval par la bride. T. haut. 65, larg. 44 pouces.

N°. 161. Le martyre de S. Adrien, esquisse pour le Tableau d'Autel, qui doit être exécuté dans l'Eglise paroissiale de S. Barthélemy à Grammont, ville natale de l'Auteur. T. haut. 17, larg. 13 pouces.

J. MALPÉ, *de Gand.*

N°. 162. Un cadre contenant plusieurs Portraits en miniature.

Mademoiselle * * *

N°. 163. Hippolyte, dessiné au crayon noir, sur pap. blanc enc. sous gl. Haut. 24, larg. 15 pouc.

Jos. Bailliu, de Gand.

N°. 164. Paysage boisé avec figures ; sur une terrasse devant une Auberge danse un groupe de jeunes gens et s'amusent d'un Paysan ivre qui, chargé d'images et de paniers, est de retour de son pélérinage fait à N. D. de Halle. T. haut. 10, larg. 8 pieds.

Ce Tableau est un des quatre destinés pour ameublement d'une Salle chez Mr. *Van den Hecke*, en face de l'Eglise de Saint Nicolas à Gand.

Jean Verlinden, de Gand.

N°. 165. Hébé et Jupiter transformé en aigle, dessiné au crayon noir sur papier blanc ; encadré sous glace. Haut. 15 et demi, larg. 10 pouces et demi.

N * * *.

N°. 166. Projet de construction d'une écluse, coupe, plan et profil, dessiné et lavé en couleurs.

N°. 167. Projet de construction d'un pont tournant, profil et plan, dessiné et lavé en couleurs.

De Schryver, Instituteur à Gand.

N°. 168. Napoléon Ier, Empereur des Français et Roi d'Italie, méditant le bonheur de son peuple ; ouvrage fait à la plume et le Portrait de l'Empereur lavé à l'encre de la Chine, sur papier blanc ; encadré sous glace. Haut. 27 et demi , larg. 18 pouces et demi.

A. de Wilde, de Gand.

No. 169. Portrait d'enfant, dessiné au crayon noir, sur papier blanc, dans un ovale ; encadré sous glace. Haut. 5, larg. 4 pouces.

Pierre-Henry Pieters susdit.

No. 170. Projet d'un Monument à la mémoire d'un Evêque mort dans le département du Nord, pour être placé dans une Eglise ; lavé en couleurs, sur papier blanc ; encadré sous glace. Haut. 15, larg. 12 pouces.

Pierre-Henry Pieters fils, susdit.

No. 171, Dessin d'une Académie, au crayon noir sur papier blanc ; encadré sous glace. Haut. 15, larg. 12 pouces.

J. Coucke susdit.

No. 172. Paysage avec Figures, où l'on voit une habitation rustique sur la hauteur d'une colline par où passe le grand chemin. Haut. 13 et demi, larg. 16 pouces.

Pierre-Henry Pieters susdit.

N°. 170. Projet d'un Monument à la mémoire d'un Evêque mort dans le département du Nord, pour être placé dans une Eglise ; lavé en couleurs, sur papier blanc ; encadré sous glace. Haut. 15, larg. 12 pouces.

Pierre-Henry Pieters fils, susdit.

N°. 171, Dessin d'une Académie, au crayon noir sur papier blanc ; encadré sous glace. Haut. 15, larg. 12 pouces.

J. Coucke susdit.

N°. 172. Paysage avec Figures, où l'on voit une habitation rustique sur la hauteur d'une colline par où passe le grand chemin. Haut. 13 et demi, larg. 16 pouces.

J. Dominique . . . à Bruxelles.

N°. 173. *La force de la Musique ancienne.* Le personnage principal en veste et en pantoufles est assis sur une chaise antique, un chapeau sur la tête, entouré d'une couronne et surmonté d'un plumet, au bas de sa gauche est assise une jeune femme, qui a une chaufferette à anse à ses côtés ; à droite est un capucin appuié sur sa canne, accompagné d'un jeune homme, portant des lunettes, et qui s'appuie sur l'épaule du capucin ; derrière le personnage principal sont deux grenadiers français ; devant lui est un musicien à dos arqué, nus pieds, bonnet en tête, pinçant de la harpe devant l'auditoire qui l'écoute avec beaucoup d'attention ; derrière ce musicien est un groupe de deux hommes et une femme, accompagné d'un chien ; la salle est d'Architecture demi-gothique. Dessin fait à l'encre de la Chine, dans le goût du crayon, encadré sous glace. Haut. 15, larg. 19 pouces.

Ce dessin appartient à Mr. *Fr. Vandenberghe*, amateur à Gand.

Mademoiselle * * *

N.° 174. Créüse, d'après le Dominiquin, dessiné au crayon noir sur papier blanc, encadré sous glace. Haut. 21, larg. 16 pouces.

Pierre J. Coucke, de Gand, Elève de l'Académie.

N°. 175. Armide, dessin au crayon noir, encadré sous glace. Haut. 21, larg. 16 pouces.

Mr. Odevarre, de Bruges.

N°. 176. La mort de Phocion ; esquisse terminée du Tableau qui a obtenu le grand Prix à Paris en 1805. B. haut. 12, larg. 16 pouces.

Cette esquisse est un don de gratitude de l'auteur, fait à l'Académie de Bruges.

J. de Landtsheer, Peintre à Bruxelles.

N°. 177. Danse d'une Bacchante avec un Faune qui joue de la flûte de Pan, tandis qu'un Faune Enfant joue de la double flûte. T. haut. 27., larg. 20 pouces.

C. M. Sloedens susdit.

N°. 178. Le Portrait de P P. Rubens, dessiné au crayon noir sur papier blanc, encadré sous glace, forme ovale. Haut. 8, larg. 6 pouces et demi.

N°. 179. Portrait d'Isabelle Brants, première Femme de Rubens, dessiné au crayon noir, sur papier blanc, encadré de même.

Ces deux dessins sont copiés d'après les Tableaux originaux qui appartiennent à Mr. *Schamp.*

N°. 180. Tête d'Homme, dessiné d'après tableau au crayon noir et blanc sur papier gris, encadré sous glace.

Frans. Gaspar Mennic, de Cologne.

N°. 181. Portrait d'Homme en cire coloriée, sous glace, dans un cadre de forme ovale. Haut. 3 et demi, larg. 2 pouces et trois quarts.

Borget, Chirurgien-Dentiste, domicilié à Gand rue Korte-Meire, N°. 335.

N°. 182. Tête de Femme de grandeur naturelle, moulée en cire coloriée, ouvrant la bouche pour faire voir une denture artificielle de la plus grande blancheur et perfection accompagnée des gencives également artificielles, le tout enfermé dans un cadre sous glace.

Abel Geel.

N°. 183. Un petit Panier à jour avec une anse, taillé d'un noyau de cérise, suspendu à une petite chaîne dans une phiole.

Mr. Ommeganck susdit.

N°. 184. Paysage montueux et boisé, où l'on voit un Berger conduisant son troupeau de Chèvres, Brébis et Agneaux au paturage ; une habitation rustique abandonné est au second plan, dans lointain une femme avec deux ânes chargés ; l'horizon est terminé par des montagnes boisés. B. haut. 35, larg. 48 pouces.

Eugène Lion, Sculpteur, chez Voituron, *Cour de St. George à Gand.*

N°. 185. Un Vase de marbre blanc, incrusté de différentes sortes de marbre colorié, destiné à servir de Vase à Fleurs. Haut. 14 pouces.

Mr. Odevaere, de Bruges, susdit.

N°. 186. Sujet de l'histoire grecque. T. haut. 39, larg. 39 pouces.

*Mad*me *Deginan, née Van Reysschoot, susdit.*

N°. 187. Paysage orné de figures. T. haut. 36, larg. 49 pouces.

N°. 188 et 189. Deux bas-reliefs d'enfans, imitant le marbre blanc. B. de forme ronde, diamètre 21 pouces.

Mr. Bastiné, de Louvain, Elève de Mr. David, *à Paris.*

N°. 190. Son propre Portrait. T. haut. 25, larg. 22 pouces.

Grand Prix de Peinture.

Mr. FERDINAND-MARIE DELVAUX, *de Bruxelles.*

Prix de Sculpture.

Mr. FRANÇOIS HECKERS, *de Gand, actuellement à Paris.*

Prix du Dessin.

Mr. FRANÇOIS HECKERS, *susdit.*

Prix d'Architecture.

Mr. J. J. DE NAEYERE, *Architecte à Gand, ancien Elève de l'Académie.*

PRIX remportés par les Elèves de l'Académie de Gand, dans le Concours de l'an 1805.

Modèle.

1r. CHARLES CRUYSMANS.
2d. JOSSE DE MAERTELAERE.

Première Classe de la Bosse.

1r. JOSEPH DUHOT.

Seconde Classe idem.

1r. JEAN COUCKE.

Accessit.

AMAND BOGAERT.

Première Classe du Dessin.

1r. CHARLES DE MEULEMEESTER.
2d. FRANÇOIS AGENEESUS.

Seconde Classe idem.

1r. CHARLES DE BUCK.

2d. JACQUES DURIEZ.

Architecture.

Première Classe.

1r. BENOIT COLPAERT.

2d. JEAN DE COMMER.

Seconde Classe.

1r. JEAN-BAPTISTE DE BAETS.

2d. LOUIS ROELANT.

Troisième Classe.

1r. PIERRE DE CAUWER.

2d. PIERRE GOETGHEBUER.

www.ingramcontent.com/pod-product-compliance
Ingram Content Group UK Ltd.
Pitfield, Milton Keynes, MK11 3LW, UK
UKHW021101270726
13994UKWH00009B/1770